W9-AXB-454

Date: 12/15/11

SP J 613.2 DIC
Dickmann, Nancy.
Las verduras /

PALM BEACH COUNTY
LIBRARY SYSTEM
3650 SUMMIT BLVD.
WEST PALM BEACH, FL 33406

Comer sano

Las verduras

Nancy Dickmann

Heinemann Library
Chicago, Illinois

www.heinemannraintree.com
Visit our website to find out more information about Heinemann-Raintree books.

To order:
☎ Phone 888-454-2279
💻 Visit www.heinemannraintree.com to browse our catalog and order online.

©2011 Heinemann Library
an imprint of Capstone Global Library, LLC
Chicago, Illinois

All rights reserved. No part of this publication may be reproduced or transmitted in any form or by any means, electronic or mechanical, including photocopying, recording, taping, or any information storage and retrieval system, without permission in writing from the publisher.

Edited by Siân Smith, Nancy Dickmann, and Rebecca Rissman
Designed by Joanna Hinton-Malivoire
Picture research by Elizabeth Alexander
Production by Victoria Fitzgerald
Originated by Capstone Global Library Ltd
Printed and bound in China by South China Printing Company Ltd
Translation into Spanish by DoubleOPublishing Services

14 13 12 11 10
10 9 8 7 6 5 4 3 2 1

Library of Congress Cataloging-in-Publication Data
Dickmann, Nancy.
  [Vegetables. Spanish]
  Las verduras / Nancy Dickmann.
    p. cm.—(Comer sano)
  Includes bibliographical references and index.
  ISBN 978-1-4329-5128-3 (hc)—ISBN 978-1-4329-5135-1 (pb)
1. Vegetables in human nutrition—Juvenile literature. I. Title.
  QP144.V44D5318 2011
  613.2—dc22   2010027733

Acknowledgements
We would like to thank the following for permission to reproduce photographs: © Capstone Publishers pp.**16**, **22** (Karon Dubke); Alamy pp.**20**, **23 middle** (© MBI); Corbis pp.**10** (© amanaimages), **21** (© Gideon Mendel); Getty Images p.**17** (Robert Daly/OJO Images); iStockphoto pp.**4**, **23 bottom** (© Dana Bartekoske), **7** (© David T. Gomez), **8** (© Shane Cummins), **11** (© Jon Faulknor), **14** (© Doug Schneider), **15** (© Francisco Romero), **23 top** (© Mark Hatfield); Photolibrary pp.**5** (Image Source), **6** (Mode Images), **12** (OJO Images/ Andrew Olney), **13** (Jasper James); Shutterstock pp.**9** (© Elena Kalistratova), **18** (© Monkey Business Images); USDA Center for Nutrition Policy and Promotion p.**19**.

Front cover photograph of vegetables reproduced with permission of © Capstone Publishers (Karon Dubke). Back cover photograph reproduced with permission of iStockphoto (© Doug Schneider).

We would like to thank Dr Sarah Schenker for her invaluable help in the preparation of this book.

Every effort has been made to contact copyright holders of material reproduced in this book. Any omissions will be rectified in subsequent printings if notice is given to the publishers.

Contenido

¿Qué son las verduras?

Una verdura es un tipo de planta que se come.

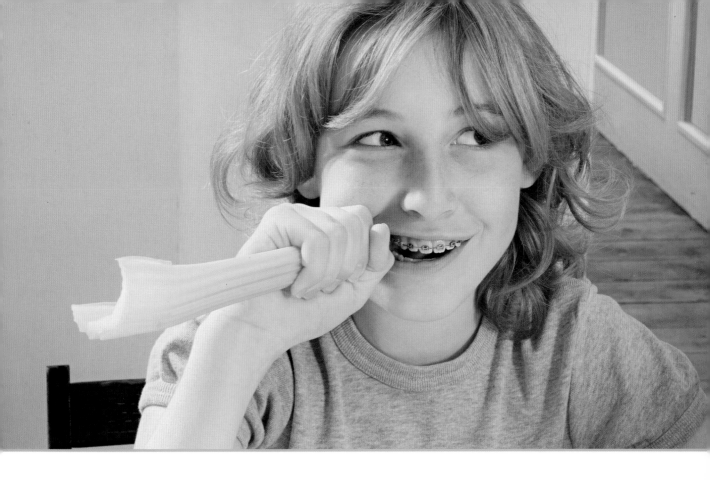

Comer verduras puede
mantenernos sanos.

zanahoria

Algunas verduras crecen bajo
la tierra.

arvejas

Algunas verduras crecen sobre
la tierra.

Mira las verduras

cebolla

Algunas verduras son pequeñas
y redondas.

habichuela

Algunas verduras son largas y delgadas.

Muchas verduras son verdes.

remolacha

zanahoria

Algunas verduras son anaranjadas
o moradas.

¿Cómo nos ayudan las verduras?

Las verduras están llenas de nutrientes.

Necesitas nutrientes para
mantenerte sano.

Comer zanahorias mantiene la piel y los ojos sanos.

Comer espinaca es bueno para
la sangre.

Comer batatas te da energía.

Se necesita energía para trabajar y jugar.

Comer sano

Debemos comer cinco porciones de frutas y verduras todos los días.

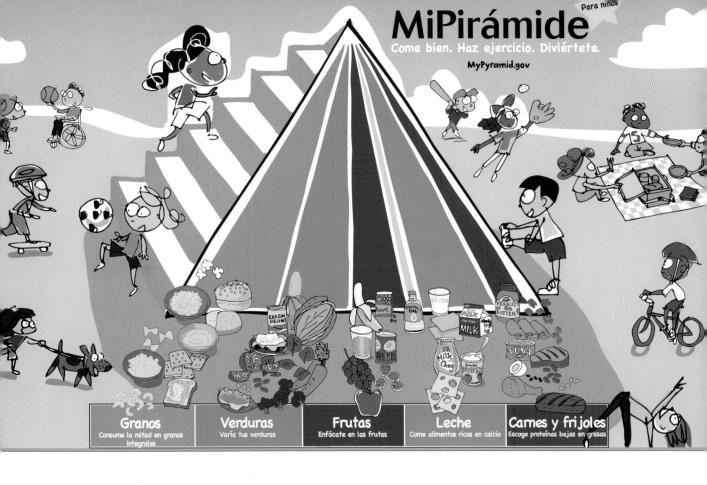

La pirámide alimentaria indica que debemos comer alimentos de cada grupo de alimentos.

Comemos verduras para
mantenernos sanos.

¡Comemos verduras porque
son deliciosas!

Busca las verduras

Ésta es una cena saludable.

¿Puedes encontrar dos verduras?

Respuesta en la página 24

Glosario ilustrado

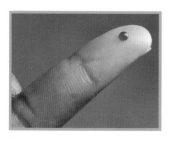

sangre líquido rojo que está dentro del cuerpo. La sangre lleva alimento y aire a todas las partes del cuerpo.

energía capacidad de hacer algo. Necesitamos energía cuando trabajamos o jugamos.

nutrientes cosas que necesita el cuerpo para mantenerse sano. Puedes obtener nutrientes de alimentos diferentes.

Índice

Respuesta de la prueba de la página 22: Las dos verduras son las zanahorias y el brócoli.

Nota a padres y maestros

Antes de leer

Explique que debemos comer una variedad de alimentos para mantenernos sanos. Clasificar los alimentos en grupos puede ayudarnos a comprender qué cantidad de alimentos debemos comer de cada grupo. Presente el grupo de las verduras. ¿Cuántas verduras distintas pueden nombrar los niños? Explique que comer cinco porciones de verduras todos los días puede ayudarnos a mantenernos sanos.

Después de leer

- Pida que algunos niños imiten los beneficios de comer verduras para que los demás los adivinen. Los beneficios pueden incluir mantener la salud de nuestra piel, dientes y encías, desarrollar músculos fuertes, sanar heridas y golpes, combatir las enfermedades, ayudarnos a ver en la oscuridad, ayudarnos a digerir los alimentos y eliminar los productos de desecho.
- Haga con los niños una gráfica de barras o un pictograma que muestre las diferentes verduras que han comido o probado en el transcurso de una semana. Proponga el reto de ver hasta qué altura puede llegar la barra de cada verdura y cuántas otras verduras pueden añadirse a la gráfica.
- Pida a los niños que traigan tantas imágenes de verduras diferentes como puedan hallar. Separe los niños en grupos y pida a los grupos que exploren diferentes maneras de clasificar las verduras. Por ejemplo, podrían clasificarlas según su forma, tamaño, color, preferencia o si se pueden comer crudas. Luego se pueden colgar en la pared algunos *collages* de grupos de verduras.